Pietro Archiati

Mit Engeln und Verstorbenen leben

Die Menschheit an der Schwelle zum Geist

Öffentlicher Vortrag
in Bielefeld (24. Oktober 2001)

5. Auflage 2011 (14. - 23. Tausend)

Herausgeber: Archiati Verlag e. K. (Monika Grimm), Bad Liebenzell

Korrektorat: Dr. Gerhard Hüttig, Schwanewede

Druck: Memminger MedienCentrum, Memmingen

ISBN: 978-3-86772-217-9

Archiati Verlag
Burghaldenweg 37 · D-75378 Bad Liebenzell
Telefon: (07052) 935284 · Telefax: (07052) 934809
anfrage@archiati-verlag.de · www.archiati-verlag.de

Inhaltsübersicht

Mit Engeln und Verstorbenen leben

Sehr verehrte Anwesende! Man kann den Eindruck gewinnen, dass Engel und Verstorbene wieder hoch im Kurs stehen. Ich werde heute Abend den Versuch unternehmen, über dieses Thema Gedanken zu äußern, die mir sehr viel bedeuten und die Sie als Anregung für Ihre weiteren Überlegungen nehmen können. Manches wird für Sie vielleicht neu sein, ich denke zum Beispiel an Fragen zu den Menschen, die in New York und Washington am 11. September auf für uns erschütternde Weise in den Tod gegangen sind. Vielleicht können wir gerade im Zusammenhang mit unserem Thema die Frage angehen: Was ist mit diesen Menschen? Welchen Sinn hat ihr Tod? Wo sind sie jetzt? Was denken sie? Was tun sie?

Je weiter wir in der Entwicklung der Menschheit zurückgehen, umso selbstverständlicher wird der alltägliche Umgang mit Engeln und Verstorbenen. Es hat kaum eine alte Kultur gegeben, geschweige denn eine Religion, die nicht von Engeln gesprochen hätte, von geistigen Wesen, die zwischen der höchsten Gottheit und den Menschen vermitteln. Es gehörte aber gerade zu den Aufgaben des christlichen Westens, das Wirken der Engel eine Zeit lang in den Hintergrund des Bewusstseins treten zu lassen, sodass wir heute als Folge eine Kultur des Materialismus haben, in der Engel und Verstorbene kaum eine Rolle spielen.

Die Tatsache aber, dass in den allerletzten Jahren das Interesse an Engeln wieder gewachsen ist, hat dazu geführt, dass sich mehr und mehr Menschen die Frage stellen: Was ist der Sinn davon, dass die Engel für uns eine Zeit lang verschwunden waren? Der Sinn dieser Tatsache scheint mir darin zu liegen, dass der einzelne Mensch nur so die Möglichkeit hat, diese geistigen Wesen selbst wieder zu suchen und wieder zu lernen, mit ihnen im täglichen Leben umzugehen. Die Möglichkeit der individuellen Wiederentdeckung war vorher nicht vorhanden, dafür mussten sich die Engel erst zurückziehen. Der Einzelne kann jetzt aus eigener Initiative heraus, aus der eigenen Freiheit heraus, die Welt der Engel für sich entdecken. Und Ähnliches gilt auch für den Umgang mit den Verstorbenen.

Es war in der Tat das Schicksal der westlichen Kultur, die unendliche Vielfalt der Engel, die jeden Augenblick unseres Lebens mit Weisheit und Liebe begleiten, aus den Augen zu verlieren. Das war gleichzeitig das Entstehen dessen, was wir Monotheismus nennen, der Glaube an einen einzigen, allumfassenden Gott. Wenn wir die Religion der alten Griechen mit der des Judentums und des Christentums vergleichen, finden wir den bedeutenden Unterschied, dass die Griechen Polytheisten waren, viele Götter anerkannten, während sich Judentum und Christentum von der «Vielgötterei» ausdrücklich lossagten. Sie betonen, dass es nur einen einzigen Gott gibt. Und wer, meinen Sie, hat Recht, die Griechen oder Juden und Christen, der Polytheismus oder der Monotheismus? Meine Antwort ist: Beide haben von ihrem Standpunkt aus Recht.

Die Griechen hatten das Auge auf die Vielfalt der Kräfte der Seele gerichtet. Pallas Athene stand zum Beispiel für das Denken, Aphrodite für die Kräfte der Liebe, Zeus mit Donner und Blitz für die Kraft der Intuition im Denken. Es gibt in jedem Menschen eine Vielfalt von seelischen Kräften und jede einzelne führte der alte Grieche auf eine führende Gottheit zurück. Für die Entwicklung des Menschen war es aber notwendig, dass ab einer bestimmten Zeit eine einheitliche Führung, sozusagen ein «Dompteur», für diese Seelenkräfte innerlich erlebbar wurde. Dieser Dompteur ist das Ich. Die Kraft des Ich liegt in der Fähigkeit, die Vielfalt der Seelenkräfte «unter einen Hut zu bringen». Eine der Grundaufgaben des Hebräertums und des Christentums war es, sich darauf zu konzentrieren, die Kräfte des Ich zu pflegen. Zu Beginn der Entwicklung des Ich mussten die einzelnen Seelenkräfte und die mit ihnen verbundenen göttlichen Wesen zunächst in den Hintergrund treten. Im Laufe der Jahrhunderte sind dann alle Engelwesen – die im Christlichen den griechischen Göttern entsprechen – völlig aus dem Leben verschwunden, und man hat letztendlich gedacht, dass es sie gar nicht gibt.

Der Sinn des christlichen Monotheismus liegt also zunächst darin, den Menschen auf das Einheitliche seines eigenen Wesens aufmerksam zu machen. Der Sinn des Monotheismus ist nicht, den «Irrglauben» an viele göttliche Wesen aus der Welt zu schaffen. Es gibt sie, diese Vielfalt von göttlichen Wesen. Das Göttliche erlaubt unendlich viele Grade der Intensität. Der Sinn des Monotheismus ist vielmehr, dem Menschen die Selbsterfahrung als einheitlichen Geist, als selbstbewusstes Ich, zu ermöglichen.

Und was bedeutet es, dass der Mensch sich nicht nur als eine Vielfalt von körperlichen und seelischen Kräften erlebt, sondern sich auch sagen kann: Ich bin ein Ich? Der Sinn davon ist, die Kraft in sich zu entwickeln, individuelle moralische Verantwortung für all das zu übernehmen, was man denkt und was man tut. *Ich* habe das gedacht, *ich* habe das getan, sagt sich der ichbewusste und verantwortungsvolle Mensch. Die Schule des Monotheismus ist das Mündigwerden des Menschen, welches sich dank einer immer kraftvolleren Erfahrung des Ich vollzieht. Der Sinn der Entwicklung überhaupt ist die zunehmende Individualisierung des Menschen.

Je weiter das Bewusstsein der Menschen entwickelt ist, umso komplizierter wird auch das Miteinander. Es wird immer schwieriger, weil die Besonderheiten jedes Einzelnen sich zur Geltung bringen wollen. Und das ist gut so, denn schwieriger ist nicht gleich schlimmer, es ist einfach anspruchsvoller. Wo die besonderen Eigenschaften von einzelnen Menschen stärker hervortreten, muss der Umgang miteinander bewusster und flexibler werden, weil jeder Mensch anders ist. Jede erworbene Fähigkeit, jedes entdeckte Talent will sich im Leben äußern, will etwas tun, etwas ändern.

Überlegen wir uns, wie es wäre, wenn wir uns alle noch in der Kindheitsstufe befänden, wenn keiner sich für das verantwortlich machen könnte, was er tut. Wir finden beides, die Kindheits- und die Erwachsenenstufe auch in der Sprache schön ausgedrückt. Wenn sich ein Mensch auf der Kindheitsstufe, das heißt als bloß auf andere angewiesen erlebt, wenn er sich noch nicht für sein Tun verantwortlich machen kann, dann sagt er: «Der andere ärgert mich!» Damit macht er den anderen für das zuständig, was in ihm geschieht, obwohl er seinen Ärger nur selbst in sich erzeugen kann. Man kann in derselben Situation aber genauso sagen: «Ich ärgere mich.» Und das ist für einen selbst natürlich viel besser, denn dann macht man sich selbst für dasjenige zuständig, was in einem passiert. Dann wird man auch nicht einem anderen sagen: «Bitte hör auf, mich zu ärgern», sondern man wird selbst etwas unternehmen, wenn man aufhören will, sich zu ärgern.

Wir stehen jetzt an einer Schwelle der Entwicklung, wo wir die Vielfalt der Seelenkräfte und ihren göttlichen Ursprung wieder entdecken müssen, ohne dabei die dazugewonnene Ich-Kraft zu verlieren. Wir müssen die Vielfalt der Seele und die Einheit des Geistes miteinander in Einklang bringen, wir wollen die Wechselwirkung von beidem, ihr Gleichgewicht erleben.

Und bezogen auf meine Aussage, dass das Göttliche unterschiedliche Stufen der Entwicklung, unterschiedliche Grade der Intensität erlaubt, werden Sie vielleicht fragen, was das Wort «göttlich» oder «Gott» eigentlich bedeutet. Was heißt es, ein göttliches Wesen zu sein? Das Wesentliche des Göttlichen ist es, schöpferisch zu sein, Neues zu denken und in die Welt zu bringen. Und man kann sehen, dass auch der Mensch in unserer Zeit zunehmend die Stufe des Göttlichen erleben möchte: Er will Eigenes hervorbringen und er fühlt sich auch mehr und mehr dazu berufen. Man braucht nur an alle Errungenschaften der Technik zu denken. Überall, wo Menschen schöpferisch sind, nehmen sie Anteil am Göttlichen.

Der Gedanke, dass «Gott» nur ein einziges und noch dazu ein in seinen Ratschlüssen unergründliches Wesen ist, dass es sonst keine anderen göttlichen Wesen gibt, ist eine leere Abstraktion. Eine solche vereinfachte Sicht der Wirklichkeit lässt viele Fragen unbeantwortet. Diese Abstraktion muss jetzt überwunden werden, sonst werden wir auch weiterhin die ganze Fülle der Wesen, die zwischen der höchsten, für uns kaum fassbaren Gottheit und uns Menschen vermitteln, nicht erleben können. Die vereinfachte Sicht auf den einzigen Gott ist vergleichbar mit der Frage am Kaffeetisch: «Wer hat diesen Kuchen gebacken?» und der Antwort: «Die Menschheit!» Diese Antwort ist zwar richtig, aber sie befriedigt den Fragesteller nicht. Die Menschheit gibt es zwar, aber sie wird konkret erlebt in der Begegnung mit den einzelnen Menschen. Dasselbe gilt für den Begriff «Gottheit» oder «Gott».

Engel sind uns näher als die höchste Gottheit, so wie ein einzelner Mensch uns näher ist als die Menschheit. Sie sind in der Hierarchie der geistigen Wesen die nächsthöhere Stufe über uns. Ein Engel ist zum Beispiel der schützende Geist des einzelnen Menschen. Er ist ein göttliches Wesen in dem Sinne, dass er noch göttlicher, noch viel schöpferischer ist als der Mensch. Der Umfang seines Bewusstseins ist größer, und je umfangreicher das Bewusstsein eines Wesens ist, desto schöpferischer, desto göttlicher ist auch sein Handeln. Der Schutzengel kann das ganze Leben eines Menschen von Anfang bis Ende als organisch-lebendige Einheit überschauen. Das kann der Mensch nicht. Wir können in unserem Bewusstsein nicht unser ganzes Leben überschauen, können nicht all unsere Schritte mit Blick auf einen übergreifenden Sinn ausrichten. Dazu gehört die Entwicklungsstufe eines Engels: Er ist ein Geist, dessen Bewusstsein das Einheitliche im Leben eines Menschen sehen kann. Er kann alle Erlebnisse, alle Erfahrungen so gestalten, dass sie sich zu einem einheitlichen, organischen Sinn zusammenfügen.

Die nächsthöhere Stufe über den Engeln sind die Volksgeister, die in der Bibel Erzengel genannt werden. Das sind Geister, deren Bewusstsein noch viel mehr umfasst als das der Engel. Sie haben die Fähigkeit, zu überschauen, wie eine ganze Gruppe oder Gemeinschaft von Menschen, sogar ein ganzes Volk, eine organische Einheit bilden kann. Der deutsche Volksgeist zum Beispiel «hat einiges zu tun», um 80 Millionen Menschen zu einer sinnvollen, lebendigen Einheit zu formen. Die vielleicht wichtigste Gemeinsamkeit dieser 80 Millionen Menschen ist die Sprache, darauf legt der Volksgeist ein besonderes Augenmerk. Alle sprachgemäßen Wortprägungen sind Inspirationen und Intuitionen des Volksgeistes. Kein Volk könnte ohne Volksgeist eine Sprache erschaffen, das ist ganz unmöglich. Oder glauben Sie, dass Menschen eine Sprache schaffen können, aus der heraus ein Goethe den Faust dichtet? Wo Menschen versucht haben, ganz alleine eine Sprache zustande zu bringen, wie beim Esperanto, haben sie kläglich versagt. Eine von Leben durchpulste Sprache zu prägen, das ist die Sache eines Volksgeistes. Der Volksgeist hat ein solch umfassendes Bewusstsein, dass er alle individuellen Beiträge der Menschen eines Volkes zu einer kulturellen Einheit verbinden kann. Er kann dadurch die besondere Aufgabe erfüllen, die ein Volk in der Menschheit hat.

Zum Beispiel muss der deutsche Volksgeist wissen, wann in Mitteleuropa der richtige Zeitpunkt für das Wirken eines Martin Luther ist. Zu diesem Zeitpunkt war eine entscheidende Bereicherung der deutschen Sprache notwendig. Martin Luther selbst konnte nicht wissen, wann es für die Entwicklung eines Volkes an der Zeit war, dass er aus seinen Fähigkeiten heraus durch seine Bibelübersetzung einen bedeutsamen Beitrag leisten sollte. Der Volksgeist, der Erzengel, ist dafür zuständig, dass dieser Mensch zu jener Zeit in dieses Volk hineingeboren wird, um diese bestimmte Aufgabe zu erfüllen. Und das macht er für jedes einzelne Mitglied des Volkes, für das er zuständig ist.

Noch eine Stufe höher als die Volksgeister finden wir die Zeitgeister. Was ist ihre Aufgabe? Die Intuitionen eines Zeitgeistes sind die Gedanken, die zu einer gewissen Zeit allen Menschen und allen Völkern gemeinsam sind, obwohl alle Völker unterschiedliche Aufgaben haben. Das Universelle, das für alle Zeitgenossen Gültige, ist die Aufgabe eines Zeitgeistes. Martin

Luther nennt sie Fürstentümer, im Lateinischen heißen sie Principates, im Griechischen Archai. Das sind die Urbeginne, die Urkräfte einer neuen Zeit: Immer wenn eine neue Zeit anbricht, wenn eine neue Entwicklungsstufe ansteht, die für alle Menschen gilt, wird ein neuer Zeitgeist tätig. Der Geist des Mittelalters war ein ganz anderer Geist als der unserer Zeit. Und die Tatsache, dass die Zeitgeister hohe Wesen sind, macht jede geschichtliche Betrachtung interessant. Zum Beispiel die Frage, welche gemeinsamen Aufgaben der Zeitgeist des Mittelalters der Menschheit gegeben hat, welche die für alle Menschen gültigen Aufgaben unserer Zeit sind.

Durch welche Gegend der Erde auch immer wir heute aufmerksam gehen, wir werden immer erleben, dass es zwar große Unterschiede zwischen den einzelnen Völkern gibt, aber auch nicht weniger, dass alle Menschen etwas gemeinsam haben. Man muss nur aufmerksam genug sein. Es lag in meinem Schicksal, in der Welt schon ein wenig herumzukommen, und ich muss Ihnen sagen, ich habe vielleicht nirgendwo den Zeitgeist deutlicher erlebt als in Südafrika, dort wo so unterschiedliche ethnische Gruppen miteinander leben. Und wenn Sie mich fragen, welchen Grundzug unseres Zeitgeistes ich dort erlebt habe, dann würde ich ohne zu zögern antworten: die Würdigung der Freiheit. Die Freiheit des Einzelnen hat heute für die Menschen in der ganzen Welt eine große Bedeutung.

Ich war einmal einige Tage in Soweto. Das war damals nicht erlaubt, es gab noch die Apartheid. Einer meiner Kollegen, ein Schwarzer, hat mich an der Polizei vorbei hineingeschmuggelt. Ich habe lange Gespräche mit

Schwarzen geführt. Eine wiederkehrende Aussage von ihnen war: Wir wollen nicht länger von den Weißen unterdrückt werden. Wir wollen an die Macht, auch wenn es uns dann wirtschaftlich schlechter geht. Es war ihnen bewusst, dass sie eventuell wirtschaftliche Nachteile in Kauf nehmen müssen, wenn sie ihre Freiheit erkämpfen. Aber sie sagten: Uns ist die Freiheit wichtiger, als dass es uns finanziell oder wirtschaftlich besser oder schlechter geht. Und ich sagte mir: Das sagen sie nicht, weil sie zu irgendeiner Rasse gehören, zu irgendeinem Volk oder Stamm, nein, aus ihnen spricht der Zeitgeist der heutigen Menschheit, das ist auch dein Zeitgeist, den du in dir spürst und den du überall auf der Erde erleben durftest. In solchen Situationen wird der Zeitgeist greifbar. Da kann man wahrnehmen, was an innerer Erfahrung, an Streben, an Werten, an Idealen in unserer Zeit in der ganzen Menschheit lebt, deswegen lebt, weil es zeitgemäß ist.

Ich werde die Stufen der Engelhierarchien jetzt nicht nach oben weiterführen. Es sind insgesamt neun Stufen des Göttlichen. Über den Engeln, den Erzengeln und den Zeitgeistern kommen in der Terminologie von Martin Luther die Gewalten, die Mächte und die Herrschaften und dann noch die höchste Dreiheit der Engel: die Throne, die Cherubim und die Seraphim. Wenn wir mehr Zeit hätten, könnte man vieles darüber sagen und es wäre gerade für unsere Gegenwart sehr interessant.

Für die, die das vertiefen wollen, möchte ich erwähnen, dass ich ganz besonders der Geisteswissenschaft Rudolf Steiners dankbar bin für ihre moderne, unserem Zeitgeist entsprechende Lehre der Engelhierarchien.

Ich habe Glücksstunden meines Lebens mit der Lektüre von Vorträgen Rudolf Steiners verbracht, in denen er Dionysios den Areopagiten erwähnt, der in Athen von Paulus beauftragt wurde, die esoterische Strömung des Christentums zunächst im Verborgenen zu pflegen, bis die Zeit kommt, dass sie wiederum kulturell prägend werden kann. Bei Rudolf Steiner finden Sie die Engelhierarchien auf schönste Weise beschrieben. Es ist beglückend zu erfahren, wie wir aus dem Kosmos heraus von Wesen begleitet werden, die mit ihrem Bewusstsein mehr überschauen können als wir und die die Ursache von vielem sind, was wir dem Zufall oder eben einer abstrakten «Gottheit» zuschreiben.

So wie die christliche Kultur den Polytheismus der alten Zeit zurückgedrängt hat, um den «Monotheismus», die Verantwortung des Individuums, in den Vordergrund zu rücken, so sind zusammen mit den Engeln auch die Verstorbenen aus dem modernen Alltag verschwunden. Im Zeitalter des Materialismus ist für uns nur noch das real, was wir sinnlich wahrnehmen. Die Toten, die Verstorbenen, sind nicht mehr sinnlich wahrnehmbar, also sind sie für uns im Grunde genommen nicht existent. Viele Menschen finden es sogar müßig, darüber zu diskutieren, ob sie existieren oder nicht, weil sie sie nicht wahrnehmen können und sie deshalb keine Rolle im Leben spielen.

Aber es gibt in der letzten Zeit zunehmend Menschen, die sich die Frage stellen, ob es nicht eine wesentliche Aufgabe unserer Kultur wäre, das

Bewusstsein wiederzugewinnen, dass die Verstorbenen uns begleiten und in die Geschicke der Lebenden eingreifen, vielleicht viel wirkungsvoller, als wir denken. Der Geist kann sich bei ihnen um vieles freier betätigen, weil sie nicht mehr an einen Körper gebunden sind, er kann viel kraftvoller in die materielle Welt eingreifen. *Wo* und *wie* greifen die Verstorbenen ein?

Schauen wir zum Beispiel den Verlauf der äußeren Geschichte der Menschheit an. Wie vieles von dem, was uns «lebenden» Menschen passiert, haben wir uns in freier, vollbewusster Weise gewählt? Können wir wirklich sagen, dass wir in unserem Bewusstsein die Fähigkeit haben, die Ereignisse der Geschichte zu leiten? Wenn wir ehrlich sind, müssen wir zugestehen: Wir verträumen und verschlafen die geschichtlichen Ereignisse viel mehr, als dass wir sie bewusst gestalten. Wir können wirklich nicht sagen, dass wir diejenigen sind, die bewusst entscheiden, wann was passiert. Wir stellen zumeist im Nachhinein fest, dass gerade etwas geschehen ist. Und wenn wir nicht wissen, warum es passiert ist, dann nennen wir es Zufall.

Die Twin Towers, die beiden Türme in New York, stürzen ein und Tausende von Menschen gehen in den Tod. Ist das Zufall, wenn ein bestimmter Mensch gerade zu diesem Zeitpunkt in den Türmen drinnen war? Ist es Zufall, bei jedem Einzelnen, der gestorben ist oder verletzt wurde, dass er dort war? Oder ist dieses Ereignis von einer anderen, höheren Warte aus in allen Einzelheiten geplant worden? Ich meine nicht das normale Ich der Menschen, die bewirkt haben, dass die Flugzeuge in die Türme fliegen.

Die haben ihre Tat geplant. Nichts geplant hat sicherlich das normale Ich der sogenannten Opfer. Wie war es mit ihnen? Könnte es sein, dass ihr Schutzengel und ein überbewusstes Ich *freiwillig* diesen – für das Alltagsbewusstsein zufälligen, sogar bestürzend sinnlosen – Tod gewählt haben, freiwillig, aus Liebe zu den Menschen gewählt haben, um ihnen eine notwendig gewordene Mahnung zukommen zu lassen?

Der Materialismus, der die Toten aus dem Leben ausklammert, weil sie der materiellen Welt nicht mehr angehören, deutet auch die geschichtlichen Ereignisse als Glieder einer endlosen Ursache-Wirkungs-Kette, genauso wie die Ereignisse in der Natur. Eine Kugel wird angestoßen, bewegt sich, sie stößt an eine zweite, diese setzt sich ebenfalls in Bewegung. Also ist die erste Kugel – so denkt man – die Ursache der Bewegung der zweiten. Ist das richtig? Diese Art, nach Ursachen zu forschen, ist nur für das Mechanische richtig. Überlegen wir genau: Was ist die wirkliche Ursache der Tatsache, dass die erste Kugel sich bewegt? Sie werden nicht nachweisen können, dass die erste Kugel sich selbst in Bewegung setzt. Im Gegenteil, Sie wissen genau: Von sich aus kann sie gar nichts tun. Sie wurde von jemandem oder von etwas gestoßen. In jedem Fall finden wir in der Kette der Ursachen einen Menschen, der willentlich etwas getan hat, was als Folge die erste Kugel bewegt hat. Auch für die Bewegung der zweiten Kugel ist die Ursache viel mehr der Mensch als die erste Kugel. Er bringt beide in Bewegung, von sich aus kann weder die erste noch die zweite Kugel etwas tun.

Der Verlauf der Geschichte wird auch in akademischen Kreisen überwiegend nach dem mechanischen Muster erklärt, wonach eine Kugel die andere anstößt. Das ist eine wirklich sehr äußerliche Betrachtungsweise, eine billige – als ob die Ereignisse zu einer gewissen Zeit bloß die Wirkung von den Ereignissen wären, die vorangegangen sind. Wenn ein Geschichtswissenschaftler zum Beispiel erklären will, wo die Ursachen dessen liegen, was zu Anfang des 21. Jahrhunderts geschieht, dann schaut er, was am Ende des 20. Jahrhunderts war, und sucht dort nach den Ursachen. Ist das richtig gedacht? Es ist nicht falsch gedacht, aber es besagt sehr wenig. Wenn dasjenige, was vorangeht, die einschlägige Ursache von dem wäre, was danach kommt, dann könnte man auch sagen: Heute Morgen bin ich aufgewacht und ich habe gleich danach ein Telefongespräch geführt, also ist mein Aufwachen die Ursache des Telefonats.

So gescheit und zugleich nichtssagend ist die heutige Geschichtswissenschaft oft, nur merkt man es nicht, weil wir im Zeitalter des Materialismus nur auf die Ursachen achten, die man sinnlich wahrnehmen kann. Die Ursachen, die sinnlich wahrnehmbar sind, gehen ihren Wirkungen zeitlich direkt voran. Aber was ist nun die eigentliche Ursache meines Telefonats nach dem Aufwachen? Das bin doch *ich* mit meinen Tagesplänen! *Ich* wollte telefonieren. Wie soll das unmittelbar davor erfolgte Aufwachen denn das Telefonieren verursachen können? Das Ich ist Geist, ist nicht eine materielle Ursache. Ich treffe zum Beispiel die Entscheidung, einen Freund anzurufen, der Geburtstag hat. Dass ich nicht telefonieren kann, wenn ich nicht vorher aufwache, das ist wohl der Fall, so wie auch die Ereignisse zu Anfang des 21. Jahrhunderts nicht ohne die am Ende des 20. geschehen können. Aber eine notwendige Bedingung ist noch keine Ursache. Der Geist kann aus den gleichen äußeren Bedingungen sehr Unterschiedliches machen, wie man sich nach dem Aufwachen statt zu telefonieren auch einen Kaffee kochen kann. Für beides bleibt das Aufwachen die notwendige Bedingung.

Die Ursache von allem, was geschieht, die entscheidende Ursache, kann immer nur der Geist sein, ein geistiges Wesen, das in seinem Bewusstsein etwas will. In der sinnlich wahrnehmbaren Welt kann es nur Wirkungen geben – mit Ausnahme des Menschen, insoweit er Geist ist. Dass Wirkungen, die schon erfolgt sind, als Mitursache, als Werkzeuge oder Bedingungen von einem Bewusstsein gebraucht werden, um das von ihm Gewollte zu erreichen, das ist wohl der Fall, aber die Entscheidung, was damit demnächst getan wird, kann niemals von dem kommen, was schon geschehen ist, es wird immer von einem bewussten Geist entschieden.

Diese Erkenntnis ist die Voraussetzung dafür, dass wir die Möglichkeit wiedergewinnen, das Wirken der Engel und der Verstorbenen, das Wirken von Wesen auf höheren Bewusstseinsstufen oder von Menschen, die nach dem Tod rein geistig wirken, zu verfolgen.

Engel und Verstorbene entscheiden nicht weniger als wir, was in der Menschheit geschieht. Wenn wir uns die Beziehung zu Engeln und

Verstorbenen näher anschauen, dann können wir mit Rudolf Steiner feststellen, dass es in der alten Zeit Kulturen gab, die ganz besonders mit dem Zeitgeist in Verbindung standen. Im Verlauf der Geschichte nahm die Geistigkeit der Menschheit ab. Es folgte eine Zeit, wo die Menschen mehr mit den Volksgeistern verbunden waren. Danach wurde es noch bescheidener und die Menschen erlebten nur noch die einzelnen Engel. Schließlich kam eine Zeit, in der die Menschen einfach als Menschen auf der Erde gelebt haben, ohne von Engeln viel zu wissen. Die Zeit, in der die Engel, die Erzengel und die Zeitgeister sich am meisten zurückgezogen haben – als gute Pädagogen der Menschen –, die Zügel schlaff gehalten haben, um dem Menschen mehr Freiheit zu geben, war die Zeitepoche der Griechen und der Römer. In ihr fühlte sich der Mensch als Mensch auf der Erde ganz zu Hause. Deswegen ist in dieser Zeitepoche das göttliche Wesen selbst auf die Erde gekommen. Das war die Zeit der «Menschwerdung Gottes».

Gehen wir von der griechischen Zeit ungefähr in Zweitausend-Jahres-Schritten zurück. Zunächst zur ägyptischen Zeit, da stand der Mensch noch mit den Engeln in Verbindung. In der Epoche davor, zur Zeit des großen Zarathustra, waren die Volksgeister führend und noch weitere zweitausend Jahre zurück, als die indische Kultur prägend war, waren es die Zeitgeister.

Der Niederschlag der Verehrung der Zeitgeister, insoweit er sich bis in unsere Zeit hinein erhalten hat, ist der *Ahnenkult.* Die Ahnen stehen am

Anfang einer Entwicklung in der Zeit, sie sind inspiriert von Zeitgeistern. In Afrika ist der Ahnenkult noch heute stark verbreitet. Das ist eine Erinnerung der Menschheit an die Verbindung mit den Zeitgeistern.

Die Volksgeister einer bestimmten Zeit treten in einer großen Vielfalt auf und inspirieren die Völker auf unterschiedlichste Weise. Das Resultat der Verehrung der Volksgeister ist der *Polytheismus,* das ist eine Vielfalt von Göttern. Die Völker waren zur Zeit der Verehrung der Volksgeister zum Beispiel gespannt, ob der Gott des jeweils anderen Volkes stärker ist als der eigene, oder umgekehrt. Die Menschen haben damals Kriege geführt, weil sie herausfinden wollten, ob ihr Gott oder der andere stärker ist. Einmal hat das eine Volk gewonnen, einmal das andere, je nachdem welcher Volksgott stärker war. Das war natürlich immer derjenige, der vom Zeitgeist den Auftrag erhalten hat, dass sein Volk eine Führungsrolle übernehmen soll. Deswegen musste er siegen und die anderen mussten sich fügen.

Der *Monotheismus* schließlich ist der Niederschlag der Verehrung der Engel, der Schutzgeister von einzelnen Menschen. Und was ist das Resultat davon, dass wir die Engel vergessen haben? Wir haben den *Atheismus!* Das ist der Materialismus, in dem alle übersinnlichen Wesen aus unserem Bewusstsein verschwunden sind. Und das hat wie erwähnt seinen guten Grund, denn so erhalten wir die Möglichkeit, die Engel für uns selbst neu zu entdecken, jeder Mensch auf seine Weise. Es steht jedem frei, den Geist neu zu entdecken. Das konnten die Menschen im alten Griechenland, in

Ägypten, in Persien und in Indien noch nicht, denn sie hatten den Geist noch nicht aus dem Auge verloren.

Zur Zeit der Griechen stand der Mensch alleine da, er konnte den Einzelgeist, den Volksgeist, den Zeitgeist nicht mehr direkt erleben. Der Mensch in seiner Freiheit war in den Vordergrund gerückt. Die Menschen erlebten das Gottmenschentum. Das Göttliche drückte sich im Menschen selbst und durch den Menschen aus. Das ist die Bedeutung dessen, was die Christen «Christus» nennen, wo das Göttliche nicht mehr engelhaft erlebt wird, nicht mehr erzengelhaft, nicht mehr zeitgeistig, sondern «menschlich», das heißt im Menschen selbst. Die Vermenschlichung des Göttlichen ist eine weitere Stufe in der Entwicklung nach der Verehrung des Göttlichen in den Einzelengeln. Das war die Zeit, in der die Gottheit selbst Mensch werden konnte.

Und nur in einer Zeit des Atheismus, in unserer Zeit, in der alles Traditionelle letztendlich verschwindet, hat der einzelne Mensch die Möglichkeit, sich die ganze Welt der Geister und Götter neu zu erobern.

Hier stellt sich die Frage, die viele Menschen heute beschäftigt: Wenn es Engel gibt, warum zeigen sie sich nicht? Und warum melden sich die Toten nicht, wenn sie doch weiterleben?

Dass sie sich nicht bemerkbar machen, wird verständlich, wenn man bedenkt, dass sowohl die Engel als auch die Verstorbenen alles tun wollen, um unsere Freiheit nicht zu gefährden. Wenn sie plump sinnlich wahrnehmbar wären, dann hätten wir nicht die Wahl, unser Leben sowohl ohne sie als auch mit ihnen zu führen, wir wären dazu gezwungen, an sie zu glauben, wir müssten mit ihnen rechnen. Aber gerade die Tatsache, dass sie rein geistig sind und wir nur im Geistigen mit ihnen umgehen können, gerade das ermöglicht, dass unsere Freiheit bewahrt wird.

Wir können also weder zurück und an die Realität von Engeln und Verstorbenen bloß glauben, noch dürfen wir erwarten, dass die Engel und die Verstorbenen sinnlich wahrnehmbar werden, sich uns aufdrängen. Uns zuliebe, in der Würdigung unsrer Freiheit, wollen die Verstorbenen wie die Engel von uns rein geistig wieder entdeckt werden. Das heißt, wir müssen lernen, uns mit ihnen rein geistig zu unterhalten. Die einzige Zukunft des vergangenen Glaubens an den Geist wird die frei errungene Erkenntnis des Geistigen sein können.

Ich möchte Ihnen in diesem Zusammenhang über einen Vorgang berichten, der sich vor einigen Jahrzehnten in Süditalien ereignet hat. In dem Bericht wird gezeigt, wie ein Verstorbener sinnlich wahrnehmbar in das Leben der Zurückgebliebenen eingegriffen hat. Der Fall kann einen erschüttern. Ein junger Mensch ist von Freunden im Streit ermordet worden. Diese Freunde stellen die Sache danach so hin, dass er sich das Leben genommen hat. Er kann es jenseits der Schwelle des Todes nicht hinnehmen, dass die Zurückgebliebenen falsch über seinen Tod denken. Er kann nicht ertragen, dass sie meinen, er hat sich das Leben genommen, obwohl er ermordet worden ist. Drei Jahre lang tut dieser Verstorbene alles, um den Körper irgendeines Lebenden zu ergreifen, um der Welt das sagen zu können.

Ich lese vor, was in den Zeitungen stand. Dieser Fall ist polizeilich begutachtet worden. Man darf davon ausgehen, dass es wirklich geschehen ist.

«Am fünften Januar 1939 begibt sich ein 17-jähriges Bauernmädchen namens Maria Talarico aus Siano in Begleitung ihrer Großmutter zu ihrer Mutter, die vorübergehend in der benachbarten kalabrischen Stadt Catanzaro wohnt. Als das Mädchen auf dem Heimweg die Brücke passiert, die beide Ortschaften verbindet, zögert sie, bleibt beim vierten Geländepfeiler stehen und schaut aufmerksam auf das jenseitige Ufer, als spiele sich dort ein interessanter Vorfall ab. Die Großmutter kann nichts bemerken und fordert sie zum Weitergehen auf. Das Mädchen jedoch dreht sich mit dem Ausdruck größten Entsetzens um und läuft in Todesangst den Weg zurück. Sie hat den Brückenkopf noch nicht erreicht, als sie Schmerzensschreie ausstößt, sich ans Knie fasst und bewusstlos zu Boden stürzt. Als sie schließlich wieder erwacht, ist sie verwandelt. Sie weist ihre herbeigeeilte Mutter zurück und fordert die Umstehenden auf, eine Frau Katharina Veraldi herbeizuholen – das war die Mutter des Gemordeten –, diese sei ihre Mutter. Zugleich sind Stimme und Gehabe des Mädchens vollständig verändert, sie scheint ein Mann mit rauer Stimme und männlichen Trink- und Rauchgewohnheiten.

Im weiteren Verlaufe behauptet sie, jener junge Mann zu sein, der vor drei Jahren tot unter der Brücke gefunden worden war und von dem die Polizei Selbstmord angenommen hatte – drei Jahre lang. Sie schreibt Briefe in einer Schrift, die Frau Veraldi, die Mutter des Gemordeten, sofort als die ihres verunglückten Sohnes erkennt, weiß über intimste Verhältnisse des Verstorbenen, den sie im Leben nie kannte, Bescheid und schildert weiterhin den Hergang der Ermordung durch Freunde des Ermordeten. Sie wird nun mit diesen, mit den Mördern, zusammengebracht, erkennt sie, nennt sie mit ihren Spitznamen und erinnert sie an intime Einzelheiten ihres früheren Beisammenseins. Schließlich begibt sie sich an den Ort des Verbrechens und schauspielert dort in furchtbarer Realistik den ganzen Hergang der Tat.

Die polizeiliche Untersuchung ergibt nachträglich die Richtigkeit ihrer Angaben. Dann fällt sie in tiefe Bewusstlosigkeit, erinnert sich nach dem Erwachen an nichts mehr und ist nun wieder das schlichte Mädchen von früher.»*

Der Ermordete hat offensichtlich die ganze Zeit einen Menschen gesucht, der nicht genügend fest in seinem Körper sitzt, um diesen Körper im wahrsten Sinne des Wortes von sich besessen zu machen, um durch diesen Körper

* Zitiert aus: Otto Julius Hartmann, *Geheimnisse von jenseits der Schwelle,* Graz 1956, S. 50-51.

sprechen und handeln zu können. Es handelt sich um ein junges Mädchen, das vielleicht ein zartes Wesen hatte, ein geistigeres Wesen, als es zum Beispiel ein Mann haben könnte. Wir können auch davon ausgehen, dass sie dem Körper gegenüber vielleicht eine gewisse asketische Abneigung hatte, eine gewisse Tendenz zu entschweben. In einem solchen Fall ist es leichter, den Menschengeist aus dem Körper hinauszutreiben und sich an seinen Platz zu setzen.

Bedenken Sie, was es bedeutet, die Seele dieses Mädchens aus ihrem Körper herauszudrängen und sich an ihren Platz zu setzen. Und was es dann für dieses Mädchen heißt, ihren Körper danach wieder an sich zu nehmen, nachdem zum Beispiel der Kehlkopf durch fremde Bewegungen, durch einen anderen Geist, der mit ihrem Körper auf eine ganz fremde Weise umgegangen war, ein Stück fremder geworden ist. Es muss in einem solchen Fall für sie noch schwieriger werden, als es vorher schon war, fest in ihrem Körper zu wohnen. Das heißt, die Tendenz, später wieder in eine Art Besessenheit hineinzukommen, wird noch größer.

Heutzutage ist ein solches Phänomen beinahe unmöglich geworden. Die Menschen sitzen fester in ihren Körpern drinnen. Ist es besser oder schlechter, dass solche Fälle heute nicht mehr passieren? In einem gewissen Sinne ist es ein Glück für uns, dass sie nicht mehr passieren, denn sonst hätten wir im Umgang mit unseren Verstorbenen keine Freiheit, dann wären wir gezwungen, an die Realität und Wirksamkeit der Toten zu glauben.

Ich habe Ihnen das vorgelesen, um deutlich zu machen, dass die Tatsache, dass Verstorbene und Engel nicht sinnlich wahrnehmbar sind, nicht bedeutet, dass sie nicht vorhanden sind. Sie sind vorhanden und sie greifen von der geistigen Welt aus in unser Leben ein. Wenn wir aber nur das materialistische Ursache-Wirkungs-Prinzip kennen, können wir nicht erkennen, wie sie in die Welt eingreifen und was sie bewirken.

Unsere Verstorbenen sind die Ursache von vielem, was in der sinnlichen Welt geschieht. Wenn wir uns eine Vorstellung davon machen, welche Gedanken in den Engeln und in den Toten leben, mit welchen Gefühlen sie sich beschäftigen, welche Willensimpulse sie hegen, dann kommen wir der Möglichkeit, mit ihnen zu sprechen immer näher, dadurch werden Engel und Verstorbene für uns immer realer, wir werden dann auch besser ihre Taten erkennen.

Wir müssen eine innere Wandlung vollziehen und lernen, totengemäß und engelgemäß zu leben. Das heißt, dass wir selbst eine ganze Stufe geistiger werden müssen, dass der Geist in uns viel realer werden muss, als er heute ist. Und was ist der Anfang dieses «Geistigerwerdens»? Es ist die Übung des Denkens, die Pflege der Erkenntnis, das ist der erste Schritt über den bloßen Glauben und über das bloß Materielle hinaus. Wie holprig die Gedanken auch immer sind, die ich über Engel und Verstorbene denke, wie tapsig ich mir die Gedankenwelt der Engel auch erobere, die Gedanken der Volksgeister, der Zeitgeister, es sind immerhin Gedanken und Engel und Verstorbene leben in einer Gedankenwelt.

Wie kommunizieren letztendlich Menschen miteinander? Auch über Gedanken! Wenn jemand hier die Augen schließt, kann er meine Worte weiterhin hören. Aber die Wahrnehmung der Worte dient nur dazu, dass Gedanken wahrgenommen werden. Auch die Kommunikation, die jetzt geschieht, ist eine Gedankenkommunikation. Genauso muss man mit Verstorbenen und Engeln kommunizieren: durch Gedanken, durch Bewusstseinsinhalte. Wir müssen uns nur daran gewöhnen, dass sie nicht auf eine materielle Form der Sprache, wie Deutsch oder Englisch, angewiesen sind, um Gedanken auszutauschen. Wo auch immer Gedanken gedacht werden, sind die Verstorbenen und die Engel sofort da. Dieser junge Mensch, von dem angenommen wurde, er habe Selbstmord begangen, warum hat er drei Jahre lang keine Ruhe gefunden, bis er die Unwahrheit über seinen Tod richtigstellen konnte? Warum? Weil die Gedanken der Zurückgebliebenen falsch waren, ein Irrtum. Und er hat sich gesagt: Das stimmt nicht, dass ich mir das Leben genommen habe. Er war von dem richtigen Gedanken durchdrungen: Meine Freunde haben mich umgebracht. Erst als er es geschafft hatte, die falschen Gedanken der Menschen zu korrigieren, die Unwahrheit durch Wahrheit zu ersetzen, erst danach hat er seine Ruhe gefunden.

In dem Maße, in dem in unseren Gedanken die Wahrheit herrscht, sind Engel und Verstorbene unmittelbar bei uns, denn sie können unmöglich lügen, sie können unmöglich im Irrtum leben. Alle Hierarchien der Engel sind Stufen der Wahrheit, niemals der Unwahrheit, niemals des Irrtums, niemals der Illusion. Und die Verstorbenen sind zwar Menschengeister, die zeit ihres Lebens nicht nur und nicht immer in der Wahrheit gelebt haben, aber sie kommen nach dem Tod durch das Tor der Wahrheit und der Wahrhaftigkeit in die Welt der Engel hinein. Je wahrhaftiger ein Mensch ist, desto mehr findet er die Möglichkeit, in eine reale Verbindung, in ein reales Zwiegespräch mit Engeln und Verstorbenen zu treten. Dann wird er auch ihre Stimme hören, denn sie sprechen mit der Stimme der Wahrheit.

Man kann lernen, mit Engeln und mit Verstorbenen immer intensiver umzugehen. Was muss man zum Beispiel für ein Gespräch mit Verstorbenen besonders beachten? Eine erste Regel ist, dass der beste Moment, an die Verstorbenen Fragen zu stellen, der Moment des Einschlafens ist, weil wir selbst durch das Einschlafen in die geistige Welt eintreten. In dem Moment, wo wir abends den Körper verlassen, sind wir rein geistig mit den Verstorbenen und den Engeln zusammen, nur bekommen wir davon kaum etwas mit, weil unser Bewusstsein noch zu schwach ist. Aber man kann jeden Tag üben, wenn man aufwacht, wenn man von der Welt der Engel und der Verstorbenen zurückkehrt und noch nicht ganz in seinem Körper wieder drinnen ist, etwas von ihren Antworten in das Wachbewusstsein hereinzuholen. Wir brauchen nur unser Bewusstsein immer wacher und stärker zu machen, dann können wir mehr und mehr auch außerhalb des Körpers bewusst bleiben.

Ein erster Schritt wäre also, die Zeit unmittelbar vor dem Einschlafen heiligzuhalten, weil das die Schwelle ist, an der wir unsere Fragen an die

Verstorbenen richten können. Wir dürfen mit Fragen an unseren Schutzengel und an die Verstorbenen einschlafen. Und ein Mensch, der das immer wieder tut und dann beim Aufwachen, bevor das Brutale der sinnlichen Wahrnehmung hereinbricht, so viel wie möglich von der Welt des Schlafes in die Welt des Wachens hereinzuholen versucht, kann staunen, wie viele Antworten ihm von Engeln und Verstorbenen gegeben werden.

In den Träumen, in der Art und Weise, wie die Bilder eines Traumes ineinander verwoben sind, klingen Botschaften der Verstorbenen an uns heran. Unsere Träume sind unter anderem Kunstwerke der Verstorbenen. Nur müssen wir diese Kunstwerke noch viel besser verstehen lernen. Träume deuten lernen, heißt nicht nur das Äußerliche der Bilder zu berücksichtigen, sondern vor allem die innere Dramatik, die Art und Weise, wie die Bilder aufeinanderfolgen und was für Gefühle sie in uns auslösen. In unseren Träumen sind immer auch die Verstorbenen wirksam, die versuchen, uns etwas zu sagen. Und eine wichtige Frage ist dann: Was will mir ein Verstorbener, der mir teuer ist – vielleicht meine Mutter –, was will er mir mit diesem Traum sagen? Oder was will mir mein Schutzengel mit diesem Traum sagen? Ein Traum ist nicht das Erzeugnis meines eigenen Tagesbewusstseins, denn im Schlaf ist dieses Bewusstsein nicht da. Der Traum wird von einem tieferen oder höheren Bewusstsein zustande gebracht, unter Mitwirkung von Engeln und Verstorbenen. Dadurch, dass ein Mensch sich zutraut, sich an die Botschaft der Träume mit diesen Fragen heranzuwagen, bekommt er mehr und mehr Antworten. Die

Voraussetzung ist, dass er davon überzeugt ist, dass Verstorbene und Engel eine Wirklichkeit sind.

Eine wichtige Begleiterscheinung des Materialismus ist die Verdrängung des Todes. Sie ist heute überall zu beobachten. Eine Verdrängung des Todes bedeutet aber gleichzeitig eine Verdrängung der Toten. Wir sind traurig über ihren Tod, weil wir ihn nur als Verlust erleben. Wir sehen den Tod nur als etwas Negatives. Damit verdrängen wir automatisch auch unsere Toten, denn sie erleben ihre Lage ganz anders, sie freuen sich, durch die Befreiung vom Körper eine Erweiterung und Aufhellung des Bewusstseins zu erleben. Und da machen wir es ihnen schwer, mit uns zu reden, weil sie ganz anders über ihre Lage denken und fühlen als wir. Sie sehen die neuen, ungeahnten Möglichkeiten – auch die Möglichkeiten, uns weiterzuhelfen – und wir sind nur traurig über ihren Tod.

Wenn ein Mensch als Kind oder als Jugendlicher stirbt, dann ist die Traurigkeit der Zurückgebliebenen mehr als verständlich. Aber schauen Sie, wenn ein Mensch im Alter stirbt, ist unsere Traurigkeit eigentlich – objektiv gesehen – nicht ganz gerechtfertigt, denn er hat seine Lebensaufgabe doch erfüllt. Während des Lebens im Körper war sein Bewusstsein verengt, war auf die Welt der Materie beschränkt. Jetzt freut er sich über die Aufhellung, über die Erweiterung seines Bewusstseins. Auch seine Sicht über die Zurückgebliebenen wird reiner, befreit von allem Egoistischen. Er kann sich nur darüber freuen und wünschen, dass wir uns mit ihm über seinen Zustand freuen. So verständlich unsere eigene Trauer ist, so steht sie im Widerspruch zu der Art und Weise, wie der Tote seinen Tod erlebt.

Eine echte Liebe, besonders zu den im Alter verstorbenen Menschen, verlangt, dass wir mehr und mehr die Kraft aufbringen, unsere Traurigkeit zurückzustellen, und uns mit dem Verstorbenen darüber freuen, dass er sterben durfte. Unsere Trauer um einen im Alter verstorbenen Menschen ist im Grunde egoistisch. Sie achtet nur auf die eigene Perspektive. Das ist menschlich, und ich will hiermit auch nicht sagen, dass sie abgeschafft werden soll. Die Frage ist aber, ob ich nicht beides tun kann: einmal meine Traurigkeit erleben, und dann mich auch in seine Welt, in seine Seelenverfassung versetzen und mit ihm Freude darüber erleben, dass er die Enge des irdischen Bewusstseins überwinden und sich in die Unermesslichkeit der geistigen Welt erweitern darf.

Als meine Mutter starb, war ich in Südafrika und ich durfte das Land nicht verlassen. Ich war versucht, traurig zu sein, aber dann meinte ich, ihre Stimme zu hören, die mir sagte: «Mein Sohn, warum bist du traurig, wenn ich mich jetzt sehr freue, in der geistigen Welt zu sein?» Und durch meinen Versuch, ihre Freude ernst zu nehmen, wurde es mir leichter, denn es war mir klar, dass sie sich freuen musste, weil ihre Lebensaufgabe erfüllt war. Sie hatte mir auch im Leben immer wieder gesagt, dass sie gerne sterben wird, wenn ihre Stunde kommt, und ich habe angefangen, es mit ihr so zu erleben, und habe ihr zugerufen: «Mutti, ich freue mich mit dir.»

Ich fragte mich: Wer verbietet mir, die Freude meiner Mutter zu teilen, ihre Dankbarkeit, dass sie sterben durfte, wer verbietet mir das? Vielleicht die Menschen, die meinen, man muss traurig sein, wenn jemand stirbt? Aber das muss man nicht! Indem wir uns bemühen, uns mit einem Verstorbenen zu freuen, tritt unser Empfinden nicht in Widerspruch mit seinem, unsere Gedanken widersprechen nicht den seinen, und eine Verständigung kann stattfinden.

Das Gespräch mit Verstorbenen und auch mit Engeln besteht gerade darin, dass wir lernen, was in ihnen an Gedanken lebt, dass wir versuchen, uns in ihre Gedanken hineinzuversetzen, ihre Gefühle mitzuempfinden und ihre Sprache zu sprechen.

Wenn man einen älteren Menschen verliert, dann hat man ihn ja vorher eine Zeit lang bei sich gehabt. Trotzdem konzentriert man sich, wenn er gestorben ist, fast nur auf die Tatsache, dass man ihn nicht mehr hat. Aber warum soll man sich ausgerechnet darauf fixieren? Warum die Fixierung auf das Negative? Man kann sich doch genauso auf die Tatsache konzentrieren, dass man ihn soundso lange Zeit bei sich gehabt hat, und dankbar dafür sein. Denn was meinen Sie, tut er jetzt? Worauf schaut er jetzt? Schaut er auf die Tatsache, dass er die Zurückgebliebenen verloren hat? Nein, er schaut mit Dankbarkeit auf die ganze Zeit, wo er mit ihnen auf der Erde war, auf alles, was er mit ihnen erlebt hat. Es steht jedem Menschen frei, was er für sich wichtiger machen will: dass der Verstorbene nicht mehr da ist oder dass er ihn so lange als Freund oder als Verwandten gehabt hat.

Jetzt kommt jemand und sagt: «Aber ich durfte mit diesem Menschen nur zehn Jahre lang zusammenleben, ich hätte mir gewünscht, dass er noch zwanzig Jahre bei mir geblieben wäre.» Ja, aber man kann genauso umgekehrt dankbar sein, dass es nicht nur ein Jahr war, sondern gleich zehn waren. So kann man zehnmal mehr dankbar sein.

Die Verständigung mit Verstorbenen, auch mit Engeln, kommt allein durch die Übung der Positivität zustande. Wir kommen als Menschen immer wieder in die Versuchung hinein, das Negative zu betonen, dagegen ist es ein Wesenszug der Verstorbenen und der Engel, dass sie immer auf das Positive schauen. Der Umgang mit Engeln und Verstorbenen ist eine Kur der Positivität und die kann uns nur gut tun. Denn wo wir uns umschauen, welche Zeitung wir auch lesen, da geht es immer um negative Dinge. Warum gibt es so wenige positive Schlagzeilen? Warum soll das Negative interessanter sein als das Positive? Vielleicht weil uns Geldgier, Betrug und Gewalt besser bekommen? Das Positive kann einen viel höheren Genuss bewirken. Und der Umgang mit Engeln und Verstorbenen ist die Kunst des Positiven. So geartet sind die Inspirationen, die Gedanken, die sie uns zukommen lassen.

Ich bringe meine Gedanken zum Abschluss, indem ich die Frage stelle, die ich am Anfang angekündigt habe. Was ist mit den Menschen, die in New York am 11. September gestorben sind, was machen sie jetzt? Was machen ihre Schutzengel? Wie sprechen die Schutzengel dieser Menschen mit unseren Schutzengeln? Können wir uns Gedanken darüber machen, was die Schutzengel der Verstorbenen durch den Tod dieser Menschen beabsichtigt haben?

Ich selbst habe keinen Fernseher, aber ausnahmsweise saß ich stundenlang wie gefesselt bei meinem Nachbarn und konnte nicht von den Bildern der Zwillingstürme weg. Da hat beinahe die ganze Menschheit gleichzeitig etwas unmittelbar wahrgenommen, was für das Schicksal aller Menschen höchst bedeutsam ist. Und die Frage, die ich jetzt stelle, ist folgende. Was haben zu der Zeit die Schutzengel dieser Menschen gemacht, was hat in ihrem höheren Bewusstsein gelebt.

Alle Kulturen der Vergangenheit, alle Religionen, haben von einem Überbewusstsein im Menschen gesprochen. Im Christentum wurde es «Christus in mir» genannt oder «das wahre oder höhere Ich», im alten Ägypten hieß es «Osiris», im alten Griechenland «Dionysos» oder «Apollo», bei den Indern «Brahman» oder «Atman». Es lebte der Gedanke, dass in jedem Menschen mehr steckt, als er sich bewusst macht, ein höheres Ich, das im Gespräch mit dem Schutzengel steht, das auf die Stimme des Schutzengels hört.

Wenn ich diese Frage stelle, was die höheren Iche der Opfer von New York getan haben und was ihre Schutzengel getan haben, dann setze ich voraus, dass im höheren Ich dieser Menschen durch die Inspiration ihrer Schutzengel entschieden wurde, das eigene Leben zu opfern, um der ganzen Menschheit eine wachrüttelnde Mahnung entgegenzubringen: «Liebe Menschen, so geht es auf der Erde nicht weiter!»

Die Menschheit ist auf dem direkten Weg in den Abgrund, wenn die Fixierung auf das Geld und auf das bloß Materielle nicht überwunden wird. Es ist kein Zufall, dass in New York genau das Zentrum des Geldes getroffen wurde. Die Menschheit geht zugrunde, wenn die Einseitigkeit des Materialismus nicht überwunden wird. Der Tod dieser Menschen ist wie eine Botschaft voller Liebe, wie ein Selbstopfer, das uns sagen will: «Liebe Menschen, bitte wacht aus diesem Materialismus auf! Es ist jetzt die Zeit, in der die Menschheit ohne klares Bewusstsein von Engeln, Schutzengeln, Volksgeistern, von Zeitgeistern und von ihren Verstorbenen nicht weiterleben kann.»

Eine solche Botschaft möchte so stark wie möglich sein. Und damit sie so stark ist, dass wir nicht weiterschlafen, haben über dreitausend Menschen ihr Leben geopfert. Eine solche Botschaft will intensiv und deutlich genug sein, sodass die Menschen aufwachen, aber zugleich so, dass sie in ihrer Freiheit nicht beeinträchtigt werden, dass jeder frei Stellung nehmen kann. Durch dieses Ereignis wird uns nichts aufgedrängt, wir werden zu nichts gezwungen. Nur wenn wir den tieferen Sinn dessen erfassen, was da geschehen ist, wenn wir das wirklich verstehen, dann können wir auch die Kraft finden, Konsequenzen für unser Leben zu ziehen.

Aus der Sicht der Schutzengel und der höheren Iche dieser Menschen ist dieses Selbstopfer ein Kunstwerk der Liebe, weil es unzählige Menschen direkt oder indirekt betrifft. Es ist, wie wenn eine Mutter genau abwägt, wie sie mit ihrem Kind umgeht, das schon zu lange selbstzerstörerisch handelt. Sie überlegt, was sie tun kann, damit sich ihr Kind bessert. Sie will aber auch nicht seine Freiheit verletzen. Ihr Ziel ist es, dass das Kind sich letztendlich selbst entschließt, sein Verhalten zu ändern.

Ich sehe in dem, was am 11. September in New York geschehen ist, ein wunderbares Zusammenwirken zwischen der Art und Weise, wie die Engel unser Leben führen, und der Art und Weise, wie das höhere Ich dieser Menschen sich dazu bereit erklärt hat, uns zuliebe in den Tod zu gehen. Und ich habe mir gesagt, wenn wir in der Menschheit heute, bei allem Materialismus, Schutzengel haben, die von ihren Schützlingen so viel verlangen können, dass sie dieses Opfer für uns darbringen, dann kann man die Hoffnung haben, dass es mit der Menschheit gut weitergehen wird, dann dürfen wir nicht verzweifeln.

Die Voraussetzung dafür ist aber, dass wir die Stimme dieser Verstorbenen, dieser Menschen, die ihr Leben geopfert haben, wirklich hören, dass wir die Inspirationen ihrer Schutzengel ernst nehmen, dass wir uns selbst zuliebe etwas tun, um aus der Sackgasse des Materialismus herauszukommen. Wir können auf diese Weise anfangen, mit Engeln und Verstorbenen so zu leben, wie es ihnen entspricht, mit der Überzeugung, dass die Verstorbenen viel lebendiger sind als wir und die Engel viel realer und wirksamer.

Und in dem Maße, in dem jeder Mensch aus seiner Freiheit heraus lernt, mit Engeln und mit Verstorbenen zu leben, werden wir eine bessere Menschheit haben können. Die Entscheidung, diesen Weg zu gehen, liegt bei jedem Einzelnen.

Teilnehmerfragen

Teilnehmer: Ich wollte fragen, ob Sie meinen, dass bei den Amerikanern und den Afghanen jetzt die Volksgeister im Streit liegen.

Pietro Archiati (P. A.): Die Frage ist zunächst, inwieweit die USA einen Volksgeist haben. Ich würde sagen, dass der Volksgeist Amerikas eine Sonderstellung hat. Diese Sonderstellung ergibt sich aus dem, was wir alle kennen: Aus den unterschiedlichsten Völkern, besonders aus Europa, sind in den USA Menschen zusammengekommen. Die Wurzeln des amerikanischen Volkes liegen in verschiedenen Völkern, in England, Irland, Holland, Italien – in Deutschland so sehr, dass eine Zeit lang nicht wenige Menschen gehofft haben, dass Deutsch die Sprache der USA wird.

Von der Qualität ihres Volksgeistes her sind die USA also ein Gemisch, und deswegen müsste man, wenn man genau sein will, in Amerika mehr eine Nation sehen als ein Volk. Das Wort Nation bezieht sich mehr auf ein politisch-staatliches Gebilde als auf eine sprachlich-kulturelle Einheit. Der Begriff des Volksgeistes bezieht sich hingegen vor allem auf eine kulturelle Einheit. Und die ist in den USA viel weniger vorhanden als zum Beispiel in Deutschland. Schon allein die Tatsache, dass in den USA viele Millionen Menschen den Geist Lateinamerikas in sich tragen, dass viele vom Indianischen herkommen, zeigt, dass es ein Gemisch ist, ein »melting pot», ein Schmelztiegel, wie das oft genannt wird. Aber es ist eine Nation daraus gemacht worden – ich meine das jetzt nicht im negativen Sinne, sondern sachlich-objektiv –, weil vor allem die Macht des Geldes und des technischen Fortschritts und in der letzten Zeit die militärische Überlegenheit eine stolze Einheit daraus geformt haben.

Das bedeutet zugleich, dass die amerikanische Nation aufgrund der Tatsache, dass in ihr unterschiedlichste Arten von Völkern zu einer staatlichen Einheit verschmolzen wurden, mehr die Wirksamkeit des Zeitgeistes als die eines Volksgeistes repräsentiert. Amerika wird gerade dadurch zunehmend eine Angelegenheit der ganzen Menschheit, es repräsentiert mehr den Zeitgeist als einen besonderen Volksgeist.

Was durch die USA getan wird, kann man nicht auf eine Ebene mit dem stellen, was zum Beispiel in Italien geschieht, wo es nur um ein einziges Volk geht. Es ist mit Händen zu greifen: Was Amerika in der Menschheit tut, betrifft unmittelbar die ganze Menschheit. Und Afghanistan ist da nur der Anfang. Es wird noch anderes kommen. Eine Weltmacht kann sich nicht auf Afghanistan beschränken. Wo die amerikanische Nation etwas unternimmt, hat es unmittelbar mit der ganzen Menschheit zu tun. Das bedeutet: Die Stellungnahme gegenüber dem Verhalten Amerikas wird eine zunehmende Anzahl an Völkern in zwei verfeindete Lager spalten. Diese beiden Lager bestehen ihrerseits aus Individuen: auf der einen Seite diejenigen, die in ihrem materiellen Wohlstand auf die Macht Amerikas angewiesen sind, auf der anderen Seite diejenigen, die weniger zu verlieren haben und Freiheit und Frieden höher schätzen als Macht und Krieg. Alle Völker fühlen sich so herausgefordert, Amerika gegenüber Stellung zu nehmen – für oder gegen das, was Amerika tut. Ich meine, es ist die Aufgabe eines jeden, sich Gedanken darüber zu machen. Dadurch, dass sich jeder bemüht, die Menschheit und ihre Anliegen ernst zu nehmen, wird er immer weniger in Illusionen leben, er wird immer besser erfassen, was geschieht, und besser Stellung nehmen können.

Ich halte die Art und Weise, wie das deutsche Volk, der deutsche oder der mitteleuropäische Volksgeist zur Zeit Stellung nimmt, für sehr bedeutsam. Die Art und Weise, wie dieses Volk darauf antwortet, was Amerika tut, wird es auch mehr und mehr in zwei Teile spalten. Der eine Teil wird den Inspirationen des Volksgeistes folgen, der andere denen des Volksdämons. Denn für die Wahl der Freiheit müssen beide wirksam sein. Das ist gleichsam ein Anfang einer Scheidung der Geister. Nur die Wirksamkeit eines Zeitgeistes kann eine solche Stellungnahme herausfordern. Die Menschen in Mitteleuropa müssen schon allein wegen der besonderen geografischen Lage zwischen Ost und West dem Zeitgeist gegenüber Stellung nehmen. Das wird nicht ohne Leid, nicht ohne Schmerz geschehen.

Ich persönlich würde mir ein paar mehr Menschen wünschen, die ernsthaft fragen, ob es für die Menschheit wirklich gut ist, was Amerika jetzt tut. Können wir uns wirklich vorstellen, was ein Irakkrieg bewirken wird? Nach welchen Kriterien, aufgrund welcher Prioritäten kann man behaupten, dass sich die Lage für die Menschheit durch einen solchen Krieg bessert? Was heißt hier «bessert»? Für wen wird die Lage «besser»?

Teilnehmer: Mir ist noch nicht klar, was ein Volksgeist ist. Ist das eine Art Individualität, die ein Ichbewusstsein hat?
P. A.: Überall wo Geist ist, ist ein Ichbewusstsein vorhanden, das gehört zum Wesen des Geistes. Geist sein heißt, ein Ichbewusstsein zu haben, eine selbstbewusste Identität, die eigenständig denken, wollen und handeln kann. Das Problem ist, dass wir nur unser eigenes Ichbewusstsein kennen. Können wir ausschließen, dass so wie es ein Menschen-Ich gibt, das in seinem Bewusstsein eine unendliche Anzahl von Faktoren überschaut, es auch einen Geist geben kann, der zur ganzen Menschheit so steht wie jeder Mensch zu seinem Körper oder seiner Seele, und der alle Menschen zu einem geistigen Organismus zusammenschließt? Ein Ich der Menschheit, ein Geist der Menschheit? Das wäre ein Geist, in dessen Bewusstsein der individuelle Beitrag jedes einzelnen Menschen und die Art und Weise, wie alle Menschen ineinander verwoben sind, geistesgegenwärtig ist. Können wir ausschließen, dass es das gibt? Nur wäre das eine Art von Bewusstsein, die unendlich übersteigt, was ein Menschengeist, ein Menschen-Ich, überschauen und bewirken kann. Dieses Menschheits-Ich, dieser einheitliche Geist der Menschheit, müsste auch die Art und Weise im Bewusstsein haben, wie alle Völker miteinander den Organismus der Menschheit bilden, welche Aufgabe jedes Volk in diesem Organismus hat.

Damit habe ich versucht, in meinen Worten den Begriff desjenigen Wesens zu umschreiben, das die Christen «Christus» nennen. Christus ist das Ich der Menschheit, der Geist der ganzen Menschheit. Er steht zur ganzen Menschheit, wie ich zu mir selbst stehe.

Wir können aus der Erfahrung unseres eigenen Ich heraus erschließen, was ein Volksgeist oder ein Volks-Ich ist, und dann kommen wir von dort zu einem Menschheits-Ich, zum einheitlichen Geist der ganzen Menschheit. Der Umfang des Bewusstseins ist jedes Mal anders, unendlich viel größer.

Teilnehmer: Was meinen Sie mit dem Tod als freiwilliges Selbstopfer? Die Täter sind vielleicht freiwillig gestorben, aber wohl nicht die Opfer?

P. A.: Ich habe vorhin von dem gesprochen, was sich im Überbewusstsein des Menschen abspielt. Sie sprechen jetzt von dem, was im Alltagsbewusstsein der Menschen in New York vorhanden war. Die Opfer in den Flugzeugen haben in ihrem normalen Bewusstsein nicht gewusst, dass sie in Kürze sterben werden. Vielleicht haben sie erst in den letzten Sekunden erkannt, dass ihr Flugzeug auf die Türme zusteuert. Vielleicht haben sie nur kurze Zeit große Angst gehabt.

Und was lebte im normalen Bewusstsein der Terroristen? Alles Mögliche sicherlich, sehr Unterschiedliches. Wir haben nicht die Möglichkeit, in die Herzen dieser Menschen zu schauen. Wir können nur von den Möglichkeiten reden, die nachvollziehbar sind, weil sie allgemein menschlich sind. Bei dem einen war es vielleicht vorwiegend die Wut auf Amerika, das kann sein. Ein anderer hat vielleicht große Trauer empfunden, dass Allah, Gott, wegen des Materialismus im Westen nicht genügend verehrt wird, und entschieden, in diesem Zentrum des Materialismus etwas zu zerstören, in der Hoffnung, dass die Menschen anfangen, Gott wieder zu verehren. Das ist auch möglich. Bei einem Dritten stand vielleicht die Tatsache im Vordergrund, dass ihm eingetrichtert wurde: Ein Mensch, der ein solches Selbstmordattentat auf die Ungläubigen verübt, kommt gleich ins Paradies, und er hat es getan, um ins Paradies zu kommen, das ist auch möglich. Im normalen Bewusstsein der Menschen können sehr viele Illusionen vorhanden sein. Es ist gerade ein Merkmal des menschlichen Bewusstseins, dass es viel Illusorisches enthalten kann.

Nehmen wir zum Beispiel an, jemand meint, dass es schlimm gewesen ist, was in New York passiert ist. Ich frage: Woher weiß er, dass das schlimm ist, was da passiert ist. Schlimm für wen? Unter welchem Gesichtspunkt? Wenn das, was da geschehen ist – bei aller Tragik –, dazu dienen würde, Millionen Menschen die Augen zu öffnen und den Materialismus zu überwinden, oder sogar zehnmal hundert Millionen, dann war es doch auch gut. Wie erlauben wir uns zu sagen: Das war schlimm? Woher wollen wir das wissen? Das ist ein Beispiel, wie viel Illusorisches im normalen Bewusstsein der Menschen vorhanden sein kann. Für jeden ist gut oder schlimm, was er selbst aus diesem Geschehen macht.

Teilnehmer: Gibt es denn etwas, was tatsächlich, objektiv schlimm ist?

P. A.: Nein, das gibt es nicht. Es kann nur der einzelne Mensch durch seine Absichten Gutes oder Böses vollbringen. Nichts ist an und für sich gut oder böse. Gut oder böse kann nur der Mensch sein, und zwar der einzelne Mensch in seinem Geist, niemals ein Ereignis. Ein Ereignis ist immer eine objektive Tatsache. Nur Menschen können moralisch sein, gut oder böse in ihren Gedanken und Absichten – das können Ereignisse niemals. Wenn irgendein Mensch etwas unter dem Impuls des Hasses tut, dann ist es nicht gut, denn Hass ist niemals gut. Aber wo ist der Hass? In den äußerlichen Ereignissen oder in den Herzen der Menschen? Doch in den Herzen der Menschen. Nur im Geist, in den Köpfen und in den Herzen der Menschen kann das Gute und das Böse sein.

Und jetzt fragen wir: Können wir ausschließen, dass der Schutzengel einen Menschen dazu inspirieren kann, der Menschheit zuliebe sein Leben in einem Flugzeug zu opfern. Können wir das ausschließen? Ich kann es nicht ausschließen. Dass es illusorisch ist, zu denken, dass man durch Morden die Menschheit lieben könnte – wie das bei manchem Selbstmordattentäter der Fall gewesen sein mag –, das ist klar. Aber diese Illusion gehört dem niederen Ich, dem verdunkelten Bewusstsein des Alltags an. Die sogenannten Opfer wollten ihrerseits nicht sterben. Und die Frage ist: Hat der blinde Zufall entschieden, dass sie gestorben sind. Oder gibt es eine höhere Entscheidungsinstanz – den Schutzengel, das höhere Ich, die Verstorbenen –, für die es keinen Zufall gibt?

Teilnehmer: Kann das höhere Ich aus Liebe töten?
P. A.: Keine Tat ist objektiv, und was Sie «töten» nennen, ist eine Tat. Eine objektiv gute oder böse Tat gibt es nicht, die Realität der Tat sind jeweils die Gedanken, die dabei gedacht werden.

Teilnehmer: Ja, das stimmt.
P. A.: Die Frage könnte man dann genauer formulieren. Kann ein Mensch aus wahrer Liebe einen anderen Menschen hassen? Oder anders gesagt: Kann man einen Menschen lieben und zugleich *die Absicht* haben, ihn zu töten? Und die eindeutige Antwort ist: nein. Nehmen wir folgendes Beispiel: Die zwei besten Freunde, die es gibt, sitzen zusammen an einem Tisch und einer der beiden ist dabei, ein Gewehr zu putzen. Er denkt nicht daran, dass noch eine Patrone im Lauf steckt. Ein Schuss geht los und sein Freund fällt tot zu Boden. Hat er seinen Freund getötet? Ist das ein Mord? Nein, den Mord muss er vor der Tat in seinen Gedanken, in seiner Absicht haben. In diesem Fall ist es ein Unglück, eine furchtbare Tragik, aber nicht ein Mord. Trotzdem kann man sagen, dass er seinen Freund «getötet» hat, als objektive Tatsache.

Teilnehmer: Ja, aber dann kann jeder Krieg gerechtfertigt werden.
P. A.: Das ist ja auch getan worden. Sogar die christlichen Kirchen haben ihre Kriege gerechtfertigt. Aber was heißt rechtfertigen?

Teilnehmer: Ihm einen höheren Sinn geben. Die Fahne ist mehr als der Tod und so weiter ...

P. A.: Gut, aber ich habe gerade gesagt, dass es nicht möglich ist, aus Liebe das Töten bewusst zu beabsichtigen. Es ist illusorisch, aus Liebe zu töten. Aber wer von uns hat keine Illusionen? Unser normales Bewusstsein ist deshalb unvollkommen, weil es voller Illusionen steckt, weil es sich über vieles täuscht oder irrt. Zu meinen, man könnte durch ein Mittel wie das bewusst beabsichtigte Töten, also durch das Mittel eines moralisch Bösen, etwas Gutes erreichen, ist eine Illusion, eine Selbsttäuschung. Das wäre die Anmaßung, sich mit dem uns allen gemeinsamen Bewusstsein *über* dieses Bewusstsein zu stellen, um es als Mittel für vermeintlich *höhere* Ziele zu gebrauchen. Die Selbsttäuschung besteht hier gerade darin, dass das niedere Bewusstsein sich einbildet, zugleich das höhere sein zu können. Was aber dem niederen Bewusstsein nicht möglich ist – ein moralisch Böses dadurch «gutzumachen», dass man es als Mittel für ein Gutes verwendet –, ist für das Überbewusstsein des höheren Ich und für den Schutzengel möglich. Das höhere Ich kann das Sterben aufgrund einer Selbsttäuschung wie im Fall der sogenannten Täter, die in der Illusion gelebt haben, durch bewusstes Töten – was moralisch böse ist –, Gutes zu tun, in ein Gutes verwandeln. Im Fall der sogenannten Opfer kann ihr höheres Ich aus dem Bösen des Mordens auch Gutes machen. Es kann das als Anlass nehmen, die Menschheit zu lieben, ihr eine notwendige, wohltuende Warnung zu geben.

Teilnehmer: Aber es kann ja auch illusorisch sein, wenn Sie vorhin gesagt haben, dass dadurch der Materialismus überwunden werden kann. Das ist ja auch erst einmal eine Illusion. Und momentan sieht es ja auch ganz anders aus. Im Moment sieht es eher nach dem Gegenteil aus bei dem, was Amerika macht.
P. A.: Dass der Materialismus überwunden werden *kann,* bedeutet ja nicht, dass er auch gleich überwunden wird. Das liegt gerade in der Freiheit jedes Einzelnen. Es wird niemals «Amerika» sein, ein übermächtiges Riesen-Wir, das den Materialismus überwindet. Das kann nur der einzelne Mensch in seiner Freiheit, in seinem eigenen Leben tun. Wenn es viele einzelne Menschen tun, wird die Lage der Menschheit besser. Das normale Bewusstsein ist bei uns allen von Egoismus durchtränkt. Unsere Frage ist aber gerade: Kann es sein, dass ein höheres Bewusstsein sich auch des Egoismus der Menschen bedient, um ihnen eine Gelegenheit zu bieten, Gutes daraus zu machen. Denn wie soll man sonst die Menschen wirksam genug wachrütteln können, damit sie den Unsinn und die Tragik des Materialismus erkennen?

Teilnehmer: Ereignisse wie Hiroshima oder Völkerkriege wie in Uganda sind doch noch wesentlich tragischer. Wo ist denn da der positive Sinn Ihrer Meinung nach?
P. A.: Wenn die Menschen daraus genug gelernt hätten, wären weitere Warnungen oder Wachrüttelungen vielleicht nicht nötig gewesen.

Teilnehmer: Das ist ja auf einer ganz anderen Ebene.

P. A.: Es ist eine andere Ebene. Deswegen habe ich gemeint, wir dürfen diese zwei Ebenen nicht verwischen. Auf der Ebene dessen, was im normalen Bewusstsein der Menschen lebt, müssen wir immer davon ausgehen, dass jede Menge Illusorisches und Egoistisches vorhanden ist, denn zu denken, dass man durch Töten etwas Gutes tun kann, ist immer illusorisch. Aber diese Illusionen sind ja bei vielen Menschen vorhanden. Ich möchte es andrerseits mindestens offen lassen, dass es noch eine andere Ebene gibt, sozusagen eine höhere Führung der Menschheit, die sich des Egoismus der Einzelnen und ihrer Illusionen bedienen kann, um die Menschheit weiterzubringen. Der Gedanke ist, dass diese höhere Warte sich auch des Egoismus oder des Materialismus der Menschen bedient, einfach weil er da ist, weil die Menschen zurzeit eben egoistisch denken und materialistisch leben. Aber der Einzelne kann das natürlich nicht als Ausrede nehmen und sagen, dass es gut ist, was er Ungutes aus seinen Illusionen und aus seinem Egoismus heraus tut. Nein, er bleibt verantwortlich für seinen Egoismus. Aber auf einer höheren Stufe kann das doch irgendwie zu einem Guten führen. Das ist schließlich auch der Kerngedanke des Christentums: Ein Böses, ein Egoistisches – das Hinmorden des besten, liebevollsten Menschen – hat zur «Erlösung» der Menschheit geführt. Dieses bedeutet nicht, dass jenes Morden gut war.

Vielleicht kann ich den Gedanken wie folgt weiter ausführen: Wenn ein Mensch Böses tut, als Mittel, etwas Gutes zu erreichen, so sind das zwei Handlungen, nicht eine einzige. Die erste ist und bleibt böse. Dass eine *zweite* Handlung Gutes aus Bösem machen kann, bedeutet nicht, dass die erste dadurch gut wird. Wenn sie böse war, bleibt sie böse, und nichts auf der Welt kann sie «rechtfertigen», das heißt irgendwie gut machen. Es wäre besser gewesen, wenn sie *nicht* getan worden wäre. Unsere Schwierigkeit liegt darin, dass wenn wir zwei aufeinanderfolgende Handlungen – A und B – eines Menschen haben, wir A als Ursache von B betrachten und B als Wirkung von A. Wir meinen: Wenn B gut ist, dann wird auch A gut sein, weil es Gutes *bewirkt.* So zu denken ist aber ein Irrtum. Nicht Handlung A ist die Ursache von B, sondern der handelnde Mensch. Und wenn der Mensch beim Vollbringen von B moralisch gut handelt, muss er nicht auch beim Vollbringen von A moralisch gut gehandelt haben.

Aber vielleicht ist hier doch die noch wichtigere Frage. Was ist das Böse? Ich kann hier nur versuchen, einen Denkanstoß zu geben. In der ganzen christlichen Tradition, aber auch schon früher, bei den Griechen, bei Aristoteles, hat es immer eine Grundaussage über das Böse gegeben – als Orientierung für das Denken, nicht als Dogma –: Das Böse ist nicht etwas, sondern es ist immer ein Mangel an etwas, ein Mangel an einem Guten. Denn wenn das Böse wesenhaft wäre, dann wäre es gut. Böse ist zum Beispiel, wenn sich einer weniger entwickelt, als er sich hätte entwickeln können. Das Böse sind die Löcher in der Entwicklung des Guten. Aber es ist nicht leicht zu sagen, was ein Loch ist. Ein Kind hat einmal die vielleicht beste Definition dafür gegeben: Ein Loch ist ein Nichts mit etwas drum herum. Nur das Drumherum macht es, dass ein Loch vorhanden ist.

Es gibt zwei Stufen des Bösen, sehr vereinfacht gesagt. Die erste Stufe ist die Unterlassung eines Guten, also der Mangel an Gutem. Unterlassung des Guten heißt zum Beispiel, dass ein Mensch sein Streben nach Erkenntnis oder seine moralische Entwicklung vernachlässigt – er hätte sich weiter entwickeln können, als er es getan hat. Im Jüngsten Gericht des Christentums sind im Übrigen nur Unterlassungssünden aufgezählt, das sage ich immer wieder. Dort steht: «Ich war hungrig, ihr habt mir nicht zu essen gegeben, ich war durstig, ihr habt mir nicht zu trinken gegeben und so weiter», keine Begehungssünden werden erwähnt, keine einzige Sünde, wo gesagt wird, dass ein Mensch etwas Schlimmes getan hat. Die großen Sünden der Freiheit sind die Sünden des Versäumens.

Die erste Stufe des Bösen ist also das Versäumen eines Guten: Jemand ist weniger geworden, als er hätte werden können. Was ist die zweite Stufe des Bösen? Das ist die Bekämpfung, die Unterdrückung des Guten. Das ist das Wirken der Macht: Durch Machtausübung wird das Gute nicht nur vom Einzelnen versäumt, sondern es wird durch die Sachzwänge der Macht unterdrückt, unmöglich gemacht. Dazu ein Beispiel: Kaum waren die beiden Türme in New York eingestürzt, kam sofort die Meldung, dass fünfzigtausend Reservisten der amerikanischen Armee einberufen worden sind. Das Böse liegt darin, dass allen diesen Menschen das individuelle Leben praktisch weggenommen wird, jede Möglichkeit, ihr Leben im eigenen Sinne, nach dem eigenen Geist, ganz individuell zu gestalten. Sie dürfen ab jetzt nur als reines Mittel für die Macht agieren, das nenne ich das Böse auf der zweiten Stufe. Die Entfaltung des individuellen Geistes wird durch Machtausübung unterbunden. Das Menschen-Ich als Geist ist in der Menschenwelt das Gute schlechthin.

Teilnehmer: Also sind Kriege auch das Böse?
P. A.: Ja, immer, weil sie unvermeidbar und vielfach eine Auslöschung des Individuums mit sich bringen, und genau das ist immer böse. Damit ist nicht gesagt, dass alles Böse vermeidbar ist. Aber keiner kann moralisch gut handeln, indem er angibt, das schlimmere Böse eines anderen verhindern zu wollen oder zu müssen. Man muss bei jedem Ereignis darauf schauen, inwieweit der Menschengeist ausgelöscht wird, denn der individuelle Menschengeist ist das Gute schlechthin – und das Auslöschen dieses Geistes ist das Böse schlechthin. Nur ist das jetzt wirklich bloß eine leise Andeutung, eine Anregung, aber von da aus kann man diese Gedanken weiterführen.

Also das Unterlassen und das Unterdrücken des Geistes – wenn wir das Wort «Geist» für die Fülle der Menschlichkeit nehmen –, das sind die zwei Stufen des Bösen. Aber das Böse ist niemals wesenhaft, es ist immer entweder ein Unterlassen oder ein Unterdrücken eines Guten. In beiden Fällen ist es ein Manko: Ein mögliches Gutes wird nicht geschaffen oder es wird verhindert. Deswegen ist die Auseinandersetzung mit dem Bösen so schwierig, weil wir immer wieder in den Irrtum hineinkommen, das

Böse als etwas Reales, als etwas Handfestes und Wesenhaftes anzusehen. Das ist auch eine Illusion.

Am schlimmsten ist es, ganz «böse» wird es, wenn ein Mensch kaum etwas Eigenes, Individuelles hervorbringt. Das ist wirklich schlimm. Sein Versäumen öffnet denen Tür und Tor, die das Gute dadurch verhindern, dass sie den Menschen als reines Mittel für ihre Machtzwecke gebrauchen. Das Versäumen des Geistes ist die Voraussetzung für seine Knechtung.

Wenn ein Mensch etwas Schiefes tut, dann ist das schon etwas: Er wird daraus lernen können. Aber wenn er das Gute fast auf der ganzen Linie versäumt, was ist da zu machen? Man kann nur etwas tun, um ihn aufzuwecken: Pass auf, wenn du weiter versäumst, bestehst du am Ende nur aus Löchern, aus Dingen, die du hättest tun oder werden können, aber nicht getan hast, und das wird dir nicht gut bekommen. Und wenn er sich nicht bewusst macht, was er alles versäumt? Dann muss man ihn ein bisschen kräftiger wachrütteln, und das geschieht zum Beispiel durch die zwei Türme, die einstürzen und die uns sagen: «Liebe Menschen, der Materialismus ist ein Versäumen des Geistes auf der ganzen Linie. So kann es nicht weitergehen.» So verstehe ich das. Das ist die Botschaft der Engel und der Verstorbenen, eine unüberhörbare Botschaft, sie haben ihr Leben dafür hingegeben und ihr Schutzengel hat sie dazu inspiriert.

Und wir fragen: Wie komme ich ins Gespräch mit den Verstorbenen, mit den Schutzengeln. Wir erleben gewaltige Zeitereignisse, in denen wir ihr Wirken direkt wahrnehmen können. Diese sind die Brücke zu ihnen, denn das sind ihre Taten. Diejenigen, die sie ausgeführt haben, sind für unser illusorisches Bewusstsein sogenannte Verstorbene. Wenn wir davon überzeugt sind, dass sie leben, können wir uns mit ihnen über den Sinn ihres Todes auseinandersetzen. Jetzt sehen sie ihren Tod aus der Sicht eines erweiterten, reineren Bewusstseins: Sie haben uns viel zu erzählen. Sicherlich möchten sie uns unter anderem mitteilen, was wir aus ihrem Tod lernen können.

Darf ich eine gute Nacht wünschen und Ihnen sehr danken für die anregende Aussprache.

Engel-Hierarchien

		Griechisch (Dionysios)	Lateinisch (Thomas v. Aquin)	Deutsch (Martin Luther)	Geisteswissenschaft (Rudolf Steiner)
1. Hierarchie	9.	Seraphim	Seraphim	Seraphim	Seraphim Geister der Liebe
	8.	Cherubim	Cherubim	Cherubim	Cherubim Geister der Harmonien
	7.	Thronoi (θρόνοι)	Throni	Throne	Throne Geister des Willens
2. Hierarchie	6.	Kyriotetes (κυριότητες)	Dominationes	Herrschaften	Geister der Weisheit
	5.	Dynamis (δυνάμεις)	Virtutes	Mächte	Geister der Bewegung
	4.	Exousiai (ἐξουσίαι)	Potestates	Gewalten	Geister der Form
3. Hierarchie	3.	Archai (ἀρχαί)	Principatus	Fürstentümer	Archai Zeitgeister Geister der Persönlichkeit
	2.	Archangeloi (ἀρχάγγελοι)	Archangeli	Erzengel	Erzengel Volksgeister Feuergeister
	1.	Angeloi (ἄγγελοι)	Angeli	Engel (Schutzengel)	Engel Schutzengel Geister des Zwielichts Söhne des Lebens
Unterste Hierarchiestufe: Der Mensch					

Pietro Archiati hat in verschiedenen Teilen der Welt gelebt: in Italien, Laos, den USA, Südafrika und Deutschland. Er hat die Menschheit in unterschiedlichen Völkern und Kulturen unmittelbar erlebt. Heute wirkt er unabhängig von jeder Art von Gruppierung oder Institution.

Seine Herkunft und Ausbildung sind vom Geist des Christentums geprägt worden. Sein Bestreben, den Glauben durch Erkenntnis zu vertiefen, hat ihn vor fast dreißig Jahren zur Entdeckung der Schriften Rudolf Steiners geführt, die ihm zur wichtigsten Inspirationsquelle wurden.

In seinen Büchern, Vorträgen und Seminaren setzt er sich für eine wissenschaftliche, jedem Menschen zugängliche Erforschung alles Nichtmateriellen ein. Nur eine Überwindung des Materialismus, so meint er, kann der Menschheit eine hoffnungsvolle Zukunftsperspektive eröffnen.